Frédéric Mercey

La Mission de Babylonie et l'art babylonien

Histoire de l'art

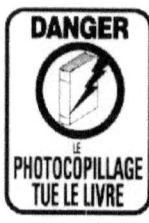 Le code de la propriété intellectuelle du 1er juillet 1992 interdit en effet expressément la photocopie à usage collectif sans autorisation des ayants droit. Or, cette pratique s'est généralisée dans les établissements d'enseignement supérieur, provoquant une baisse brutale des achats de livres et de revues, au point que la possibilité même pour les auteurs de créer des œuvres nouvelles et de les faire éditer correctement est aujourd'hui menacée. En application de la loi du 11 mars 1957, il est interdit de reproduire intégralement ou partiellement le présent ouvrage, sur quelque support que ce soit, sans autorisation de l'Éditeur ou du Centre Français d'Exploitation du Droit de Copie , 20, rue Grands Augustins, 75006 Paris.

ISBN : 978-1975732714

10 9 8 7 6 5 4 3 2 1

Frédéric Mercey

La Mission de Babylonie et l'art babylonien

Histoire de l'art

Table de Matières

Introduction	6
Section I	6
Section II	15
Notes	27

Introduction

Dans les derniers mois de l'année 1831, deux missions archéologiques étaient instituées, l'une pour explorer la Haute-Mésopotamie, l'autre pour visiter le territoire où s'élevait autrefois Babylone. En suivant M. Place au milieu des fouilles de Ninive, nous avons déjà fait connaître les résultats de la première de ces missions [1]. La seconde, celle de Babylonie, placée sous la direction d'un orientaliste distingué, M. Fulgence Fresnel, doit appeler à son tour notre attention : quelques découvertes intéressantes viennent en effet de couronner ses recherches. Nous ne nous bornerons pas d'ailleurs à raconter, d'après les relations des explorateurs eux-mêmes, les travaux de la mission de Babylonie. Pour faire apprécier le vrai caractère des services rendus par M. Fresnel et ses compagnons de voyage à l'histoire de l'art, il importe de bien définir à la fois le théâtre où ils avaient à opérer et la nature des problèmes qu'ils avaient à résoudre. Un coup d'œil jeté sur l'histoire de la Babylonie et sur l'état actuel de son territoire doit donc précéder naturellement le récit de l'excursion dont l'ancien empire de Sémiramis et de Nabuchodonosor vient d'être le but.

Section I

« Babylone semblait être née pour commander à toute la terre. Ces peuples étaient pleins d'esprit et de courage. De tout temps, la philosophie régnait parmi eux avec les beaux-arts, et l'Orient n'avait guère de meilleurs soldats que les Chaldéens. » Bossuet, dans ce peu de mots, nous fait connaître l'importance de Babylone, qui, sous le second empire d'Assyrie, devint la capitale du royaume, et qui, sous Nabuchodonosor Ier et Nabuchodonor II, fut au moment de dominer l'univers.

Chaque peuple a des prétentions à une haute antiquité; mais sous ce rapport, nul ne l'emporte sur les Chaldéens. Le prêtre Bérose faisait remonter l'empire de Babylone et de la Chaldée au commencement du monde. Sa première dynastie avait quelque chose du gigantesque des races antédiluviennes : elle comprenait dix rois, dont le premier serait Alorus et le dernier Xysuthrus, et elle avait régné 432,000 ans. Débrouiller le chaos de ces origines, et mettre d'accord Bérose, Syncelle, Polyhistor, Hérodote, Ctésias et tous ceux qui se sont occupés de la chronologie babylonienne, la chose nous parait impossible. Nous préférons nous en rapporter aux livres saints, qui placent les commencements des royaumes de Babylone et de Ninive à la cinquième génération après le déluge, 2218 ans environ avant notre ère. Le fondateur de Babel ou Babylone serait Nemrod, « le fort chasseur devant l'Éternel. » Outre Babel, Nemrod aurait fondé les villes d'Érec [2], Accad, Niffar et Chaîné au pays de Scin'har [3]. Du pays de Babel sortit Assur, qui bâtit Ninive, Reboboth-Hir, Kalah, et Resen, entre Ninive et Kalah, qui est une grande ville. La Bible, en citant Nemrod et Assur comme constructeurs de ces premières villes, indique suffisamment qu'ils furent les fondateurs de l'empire de Chaldée et de l'empire d'Assyrie.

A l'époque de Nemrod, la religion des Babyloniens paraît avoir été un déisme pur, analogue au déisme des Juifs, qui plus tard se corrompit et se changea en idolâtrie. C'est alors que Nemrod fut adoré sous le nom de *Bel, Baal*(roi, seigneur), et confondu avec le soleil. Les Juifs ne tombèrent jamais absolument dans ces erreurs. Syncelle nous a conservé la liste de la première dynastie chaldéo-babylonienne. Les Chaldéens, selon lui, furent les premiers qui prirent le titre de rois. Le premier de ces rois fut Évéchius, que nous connaissons sous le nom de Nemrod. Il fonda Babylone et régna six ans et demi. Viennent ensuite Chomasbelus, Porus, Nechubes, Nabius, Oniballus, Zinzerus ou Chinzir. Ces six rois régnèrent 218 ans et demi. Cette première dynastie comprenait donc sept rois et aurait eu une durée de 225 ans [4]. Sous Zinzerus ou Chinzir, vers le XVIe siècle avant notre ère, une invasion de pasteurs arabes, analogue à l'invasion des Hycsos de l'Egypte et à la conquête arabe sous les successeurs de Mahomet, s'empara de la Babylonie, dont les peuples étaient tombés dans la mollesse. Ninive et les Assyriens, plus aguerris et mieux défendus, résistèrent aux conquérants, qui ne purent es soumettre. Loin de là : trois siècles plus tard, un roi d'Assyrie, du nom de Bélus, attaqua les Arabes, amollis à leur tour par les délices de Babylone, les chassa et réunit cette ville à son empire. C'est alors que Babylone fut la tributaire de Ninive et la seconde capitale de l'empire assyrien.

Ninus, fils de Bélus, agrandit cette dernière ville, à laquelle il donna son nom. Sémiramis, sa femme, se passionna de son côté pour Babylone, nouvellement conquise, et par ses fondations lui donna une nouvelle splendeur. A en croire les historiens grecs, cette reine aurait construit des murs qui avaient 365 stades de circuit, des quais, des ponts, une galerie, espèce de tunnel qui passait sous l'Euphrate, un lac qui servait à la décharge de ce fleuve, des pyramides à degrés ou jardins suspendus, enfin tous ces ouvrages qui, après plusieurs siècles, excitaient encore par leur grandeur l'admiration d'Alexandre et de ses soldats. Néanmoins un fait positif, et auquel les travaux de la mission de Babylonie donnent un haut degré de certitude, contredit formellement les spéculations auxquelles les historiens se sont livrés sur ces anciennes époques historiques. On est autorisé, d'après ce fait, à reléguer les exploits et les travaux de Sémiramis au rang de ces contes dont les Orientaux, amis du merveilleux, sont si prodigues. La plupart des briques trouvées à Babylone même, parmi les ruines des principaux édifices de cette ville et dans toute la contrée environnante, de Bagdad au Birs-Nimroud, portent l'estampille de Nabuchodonosor II.

On se rappelle le songe de ce prince expliqué par Daniel, et sa folie, quand, se croyant transformé en animal, « il mangea du foin comme un bœuf, et que son corps étant trempé par la rosée du ciel, les cheveux lui crûrent comme les plumes d'un aigle, et les ongles comme les griffes d'un oiseau [5]. » Cette folie de Nabuchodonosor dura sept années, pendant lesquelles sa femme Amuthis ou Nitocris, princesse originaire d'Echatane, dans la Médie, prit les rênes de l'empire. Les femmes sont extrêmes en tout, dans le bien comme dans le mal; Nitocris, pendant sa régence, fit preuve d'une activité prodigieuse et déploya les talents d'une grande reine : aussi Hérodote, qui se passionne assez aisément, nous semble-t-il avoir dépouillé Sémiramis d'une partie de son prestige en faveur de sa brillante rivale. Quoi qu'il en soit, Nitocris sut gouverner avec autant de modestie que de gloire et de bonheur. Nous ne rencontrons en effet son estampille sur aucune des briques qui appartiennent aux monuments qu'elle a fondés, mais toujours la marque du malheureux époux au nom duquel elle régnait. Ces briques marquées au nom de Nabuchodonosor II confirment

Frédéric Mercey

pleinement d'ailleurs les paroles que le prophète Daniel met dans la bouche de ce prince : « N'est-ce pas là cette grande Babylone dont j'ai fait le siège de mon royaume, que j'ai bâtie dans la grandeur de ma puissance et dans l'éclat de ma gloire [6] ? »

Sur cette restauration de la vieille Babylone, ou plutôt sur la fondation d'une Babylone nouvelle juxtaposée à l'ancienne, l'histoire profane est d'accord avec les livres saints. Diodore et les Grecs, sur la foi de Ctésias, médecin de leur pays, attaché à la cour d'un des monarques achéménides, successeurs des rois chaldéens, attribuaient à Ninus et à Sémiramis, ces personnages mythiques, toutes les merveilleuses constructions de Babylone. Le Chaldéen Bérose s'inscrit en faux contre cette opinion, et accuse de mensonge les historiens grecs. Josèphe [7] nous a conservé le passage suivant de son histoire chaldéenne qui ne paraît laisser aucun doute sur l'origine de ces grandes fondations : « Napobolassar, roi de Babylone, étant mort dans la ville des Babyloniens après vingt-neuf ans de règne, son fils Nabuchodonosor revint en Babylonie et prit les rênes de l'empire... Il restaura la ville antique et en construisit une autre auprès d'elle. Ce prince, pour plaire à sa femme Nitocris, née chez les Mèdes, et qui aimait les paysages montagneux, fit faire des voûtes au-dessus de son palais avec de si grosses pierres, qu'elles paraissaient comme des montagnes ; il fit couvrir ces voûtes de terre et planter dessus une si grande quantité d'arbres de toute sorte, que ce jardin, suspendu en l'air, a passé pour l'une des merveilles du monde. »

M. Fulgence Fresnel fait observer avec beaucoup de justesse que ces jardins suspendus répondaient d'ailleurs à un besoin du pays. L'objet principal de ces édifices élevés était en effet d'obtenir la plus grande ventilation et la plus basse température possibles dans les nuits d'été. Ce besoin devait être plus impérieux encore pour une princesse née à Echatane, et qui, du milieu des montagnes de la Médie, se trouvait transportée dans des plaines dont M. Fulgence Fresnel compare la température à celle de la fournaise des trois jeunes hommes de Daniel. « Pendant trois mois consécutifs, de onze heures du matin jusqu'à quatre et demie du soir, dit ce voyageur, nous avons eu une chaleur qui oscillait entre 32 et 36 degrés Réaumur, à l'ombre, au nord, dans un courant d'air. » Ce terme de 36 degrés, point extrême de l'échelle du seul thermomètre que la mission possédât, a été atteint en juillet et en août, et M. Fresnel est certain qu'il eût été dépassé, si l'échelle eût été plus étendue. « pour moi, ajoute-t-il, qui avais déjà passé douze ans de ma vie au-delà du tropique, j'ai été réduit à m'envelopper dans des draps mouillés, au grand effroi et malgré les remontrances de tout notre monde [8]. »

A l'occasion de cette confusion entre les reines Nitocris et Sémiramis, M. Fulgence Fresnel fait fort bien remarquer que, pour les Grecs transportés en Asie, le seul nom de Sémiramis répondait à toutes les questions de l'histoire ancienne [9]. C'est ainsi qu'en Egypte Pharaon et son premier ministre Joseph expliquent tout et répondent à tout. A Bagdad, c'est Nemrod qui a tout fait; dans l'Yémen, c'est Scheddah, fils d'Aad; au Hedjaz, ce sont les Beni-Hélât. C'est ainsi que dans nos pays tous les camps retranchés appartiennent à César, toutes les anciennes chaussées à la reine Brunehaut.

Le livre de Daniel renferme l'histoire de Nabuchodonosor depuis le commencement de son règne jusqu'au renversement de l'empire assyrien par les Mèdes et les Perses. Il nous donne les détails les plus précis sur la politique, les mœurs et les superstitions des Babyloniens, et contient sur leurs arts les particularités les plus curieuses. C'est ainsi que dans la fameuse orgie de Balthasar nous voyons le roi, ses femmes et les grands de sa cour boire dans des vases d'or et d'argent qui ont été apportés du temple de Jérusalem, tout en exaltant leurs dieux d'or, d'argent, d'airain, de bois et de pierre, ce qui nous prouve que dans la composition de leurs idoles les Babyloniens faisaient usage de toutes ces matières. La chronique des trois jeunes hommes à la fournaise nous apprend également que les rois de Babylone élevaient des statues colossales composées des plus riches métaux. En effet, la statue que le roi Nabuchodonosor avait fait dresser dans la campagne de Doura [10], — et devant laquelle tous les hommes, de quelque nation, de quelque tribu, de quelque langue qu'ils fussent, devaient se prosterner au moment de la dédicace, sous peine d'être jetés dans une fournaise, — était d'or et avait 60 coudées de haut sur 6 de large, c'est-à-dire 90 pieds de hauteur sur 9 de large à la base. Peut-être y a-t-il là cependant erreur de proportion.

L'histoire de ce dieu Bel, de boue au dedans, d'airain au dehors, auquel les Babyloniens offraient chaque jour douze mesures de farine du plus pur froment, quarante brebis et six grandes cuves de vin pareilles sans doute à celles qui ont été trouvées dans le cellier des rois assyriens à Khorsabad, et la façon dont le prophète Daniel convainquit les prêtres de supercherie nous initient aux mystères du temple babylonien. Ajoutons que dans sa naïveté ce récit et celui de la mort du grand dragon que les Babyloniens adoraient touchent presque au comique et nous prouvent que de tout temps les hommes furent les mêmes, faciles à duper, faciles à s'irriter, puis quand leurs passions et leurs faiblesses sont en jeu, se refusant à la lumière et voulant être trompés.

Sous le fastueux et bizarre Nabuchodonosor et sous sa femme Nitocris, l'empire babylonien atteignit le plus haut degré de puissance. « Quels ouvrages n'entreprit-il point dans Babylone ! s'écrie Bossuet; quelles murailles, quelles tours, quelles portes et quelles enceintes y vit-on paraître! Il semblait que l'ancienne tour de Babel allât être renouvelée dans la hauteur prodigieuse du temple de Bel, et que Nabuchodonosor voulût de nouveau menacer le ciel. » A en croire d'anciennes traditions, ce prince aurait poussé ses conquêtes jusque dans la Libye et en Espagne [11]. Sous ses successeurs amollis dont Daniel fut le ministre, qui aimaient la vérité, mais qui ne savaient ni la faire accepter ni la faire respecter par leurs sujets, qui les appelaient des rois juifs, la race chaldéenne fut vaincue une dernière fois et asservie par les Mèdes et les Perses. Maître à son tour de Babylone, Alexandre fut séduit par l'aspect de grandeur de cette ville et songea à en faire la capitale de son vaste empire; mais la mort ne lui permit pas d'accomplir ses projets. Cette mort porta à la splendeur de l'antique cité chaldéenne un coup dont elle ne se releva jamais; sa ruine fut rapide et justifia bientôt les paroles des prophètes :

« Cette grande Babylone, cette reine entre les royaumes du monde, qui avait porté si haut l'orgueil des Chaldéens, sera détruite comme le Seigneur renversa Sodome et Gomorrhe;

« Elle ne sera plus jamais habitée, elle ne se rebâtira point dans la suite de tous les siècles; les Arabes n'y dresseront pas même leurs tentes, et les pasteurs n'y viendront point pour s'y reposer;

« Mais les bêtes sauvages s'y retireront, ses maisons seront remplies de dragons : les autruches y viendront habiter, et les satyres y mèneront leurs danses [12]. »

La prophétie suivante est la seule peut-être qui ne se soit pas accomplie : « On ne tirera point de toi de pierre pour l'édifice, ni de pierre pour le fondement, mais tu seras éternellement détruite, dit le Seigneur [13]. » En effet, Ctésiphon et Bagdad, ces rivales de Babylone, ont été construites avec des matériaux provenant de ses ruines; aujourd'hui la petite ville musulmane de Hillah et plusieurs villages qui s'élèvent sur son emplacement sont bâtis avec les débris de ses palais et de ses temples. On peut même considérer ces temples et ces palais comme autant d'inépuisables carrières, exploitées encore de nos jours par les *sakkharah* ou extracteurs de briques.

M. Oppert, membre de l'expédition française de Babylonie, a réuni, sur l'histoire primordiale des peuples qui ont habité ou conquis la Chaldée, des monumens d'une haute importance et qui éclaireront bien des points restés obscurs. M. Oppert paraît croire à l'existence de deux Babylones, celle de Sémiramis et celle de Nabuchodonosor, construites toutes deux sur l'emplacement des ruines actuelles, et M. Fulgence Fresnel partage la même opinion. Au reste, le *Moudjelibéh*, le *Kasr*, le tumulus d'*Amran-ibn-Ali*, et tout cet énorme amas de ruines qui couvrent la rive gauche de l'Euphrate représentent assez le cadavre de la double capitale d'un double empire, qui, à travers différentes révolutions, aurait duré près de deux mille ans. M. Oppert a reconnu l'emplacement des jardins suspendus de Sémiramis, et a fouillé leurs ruines, connues aujourd'hui sous le nom de la colline d'*Amran-ibn-Ali*. Dans ces fouilles, il a recueilli un grand nombre d'objets qui vont enrichir les collections du Louvre, et ses observations lui ont permis d'essayer une restauration ingénieuse, mais tant soit peu conjecturale, de ces jardins si fameux. Le savant explorateur a terminé avec beaucoup de soin et à travers mille difficultés le relèvement trigonométrique de l'emplacement de Babylone. Cette opération lui a permis de dresser le plan détaillé de cette ville immense, qui présentait un carré de 23 kilomètres de côté. Il est vrai que des champs cultivés, destinés à garantir sa population des horreurs d'une famine en cas de siège, étaient compris dans cette enceinte, et que la ville proprement dite ne couvrait guère qu'une superficie de 20 kilomètres carrés, c'est-à-dire environ la moitié de l'espace occupé aujourd'hui par Paris. C'est sur l'emplacement de ces ruines et au bord de l'Euphrate qu'est bâtie la ville florissante de Hillah.

La résidence royale, qu'il ne faut pas confondre avec la ville habitée, hors de laquelle elle était située, était renfermée dans une grande enceinte fortifiée, et constituait à elle seule une véritable ville entourée d'une triple muraille, l'une en briques cuites avec du bitume, les deux autres en briques crues, et couvrant sur les deux rives de l'Euphrate un espace de près de 7 kilomètres carrés. Là étaient réunis le palais, la forteresse et les fameux jardins suspendus. Le *Birs-Nimroud*(la tour de Babel), cette ruine la plus importante de la contrée, était placée dans le quartier le plus éloigné du centre de la ville, qui s'appelait jadis *Borsippa*. Ce monument et ce quartier étaient distants de l'enceinte royale de plusieurs lieues, c'est-à-dire deux ou trois fois la distance peut-être de l'Arc de triomphe de l'Étoile et du quartier environnant au quartier central de la Cité.

Le panorama suivant, esquissé sur place par M. Oppert, et que nous extrayons d'une lettre qu'il nous adressait de Bagdad l'an dernier, fait connaître avec toute la netteté désirable la configuration de la région babylonienne, son état présent et même son état passé. « C'est du minaret [14] de Hillah que se présente le mieux, dit M. Oppert, le panorama de la Babylone actuelle. En se tournant vers le sud-ouest, on aperçoit d'abord la masse gigantesque du *Birs-Nimroud*, le Borsippa et Borsiph des anciens Grecs et Juifs. C'est ici que les rabbins, originaires de Babylone, placent le théâtre de la confusion des langues, et, chose remarquable, le nom de Borsippa peut s'expliquer par *Tour des langues*. Le *Birs-Nîmroud* domine le panorama de Babylone, de quelque partie qu'on le voie. A 200 mètres de là s'élèvent les tumulus immenses d'Ibrahim-el-Khalil, où, d'après les auteurs orientaux, le patriarche ou premier musulman Abraham a été jeté dans une fournaise ardente par ordre de Nemrod. Je place ici les temples de Borsippa dont parle Nabuchodonosor et la nécropole des Chaldéens; une inscription trouvée sur ce point dans un tombeau est datée de Borsippa, le 30 du mois (illisible) de la quinzième année de Nabonide, 540 ans avant Jésus-Christ.

« Placé sur le minaret d'Hillah, on aperçoit dans le lointain, à la distance de quatre heures, et dans la direction du sud, la belle forêt de Sameri, entourée de tumulus. A travers une éclaircie, on voit la ruine Mouckkallah, à la limite de l'antique Babylone, avec les temples de Dowayra et de Deylem, si ce dernier amas de poussière, comparable à un plateau assez étendu, ne représente pas plutôt une des fortifications de l'ancienne ville.

« En se tournant toujours vers la gauche, les palmiers de Tenhareh et de Dablâh laissent apercevoir le filet argenté de l'Euphrate, sur la rive gauche duquel l'œil ne rencontre qu'une plaine aride, sans ces plantations de palmiers qui donnent un certain charme à l'aspect de la rive arabe. Quelques tumulus clair-semés, mais cachés à l'observateur placé sur le minaret, ne peuvent interrompre la triste monotonie de ces parages. Le plus méridional et le plus considérable de ces tumulus porte le nom de Moudejlibéh, et peut avoir fait partie de l'enceinte de Babylone. Ce n'est qu'au nord-est que l'œil trouve un point de repos que lui offre la grande masse de l'Oheymir et des tumulus qui l'entourent. C'est ici que je place la partie nord-est de la ville de Nabuchodonosor.

« Maintenant, en nous tournant vers le nord, nous apercevons la forêt et la coupole de Ali-Ibn-Hassan, évidemment bâtie sur l'emplacement d'un ancien temple, et plus dans le lointain une mosquée consacrée au roi Salomon, qui représente également un édifice antique. Tout à fait au nord de Hillah apparaît Babel, dont la partie supérieure seule émerge des palmiers qui bordent les rives de l'Euphrate, de Hillah jusqu'à Soura. Une éclaircie nous laisse apercevoir le tumulus d'Amran avec ses coupoles; mais la végétation cache entièrement le Kasr.

« En quittant maintenant la Mésopotamie pour rentrer en Arabie, on voit au loin, comme une ondulation interrompant la ligne droite de l'horizon, le Khodr, et on rencontre successivement, dans le vaste désert du nord-ouest, le Cheikh-Edris avec une mosquée ornée de peintures grotesques, le Sheteigheh et le Tell-Ghazalik. Vers le sud-ouest, la végétation recommence; les palmiers de Tahmasia et de Scherifeh, s'élevant sur des terrains jadis sacrés, cachent à la vue les marais et les eaux de Hindigeh, qui se montrent vers le sud-ouest, et qui nous ramènent vers le *Birs-Nimroud*, d'où nous étions partis. »

Frédéric Mercey

Cette description de M. Oppert, l'un des membres les plus éclairés et les plus actifs de la mission française de Babylonie, nous conduit naturellement sur le terrain qu'elle a exploré. Un rapide examen de ses travaux achèvera de nous faire connaître l'état actuel de décomposition de la vieille cité que les imprécations des prophètes ont rendue si fameuse.

Section II

La mission de Babylonie avait été instituée, nous l'avons dit, en même temps que celle de la Haute-Mésopotamie, dans les derniers mois de l'année 1851. Au moment où ses membres quittaient la France, nous exprimions ici même en ces termes les espérances qui s'attachaient aux deux explorations projetées : « Dans quelques semaines, ces courageux missionnaires de l'art vont être à l'œuvre, Babylone et Ninive n'auront plus de mystères pour eux, et qui peut prévoir les surprises nouvelles que leur ménagent ces plaines de la Mésopotamie, qui naguère nous ont révélé tout un art et le vieux sol de la Chaldée ? C'est là qu'apparurent les premières villes que l'homme ait fondées : Babylone, Achad, Resen, Chalé, Nachor, Ur, la ville d'Abraham. Quel intérêt offriront à leurs recherches les ruines de ces cités, contemporaines des premiers âges du monde ! »

On a vu plus haut que, pour ce qui concerne la Haute-Mésopotamie, nos prévisions avaient été justifiées, et nous avons fait connaître les beaux résultats de l'exploration de M. Place. Si la mission de Babylonie a été moins heureuse et n'a pas produit tout ce qu'on en attendait, M. Fresnel, qui la dirigeait, et MM. Oppert et Thomas, ses courageux collaborateurs, ne s'en sont pas moins livrés à cette *exploration sérieuse* du sol de Babylone, que l'Académie des Inscriptions et Belles-lettres avait réclamée. Longtemps renfermée dans Bagdad par une de ces guerres ou révoltes locales dont ce pays est si souvent le théâtre, ce ne fut que vers le commencement de l'été de 1852 que la mission de Babylonie put commencer ses travaux. MM. Oppert et Thomas, dans une première excursion à Séleucie et à Ctésiphon, mesurèrent et dessinèrent dans cette dernière ville la magnifique ruine appelée l'*arc-de Cosroès*, construction à la fois babylonienne et byzantine, qui, selon M. Oppert, n'a résisté aux vols des constructeurs de Bagdad que par sa surprenante solidité, tout le reste de Ctésiphon ayant été transporté dans cette ville. Les voyageurs reconnurent que la Mésopotamie, à la hauteur de Bagdad, avait été couverte successivement de centres de population très considérables. En effet, tout l'espace compris entre Séleucie et Hillah est couvert de débris de poteries et de briques appartenant à des constructions de différentes époques. MM. Oppert et Thomas, après être restés deux jours à Ctésiphon, revinrent de nuit à Bagdad. « Je ne suis pas de ces hommes à clair de lune comme on en trouve en Germanie, dit M. Oppert, mais l'aspect de Ctésiphon et de Séleucie vus au clair de lune a réellement quelque chose de saisissant. »

Cette excursion avait lieu en juin 1852; le 7 juillet suivant, M. Fresnel et ses compagnons s'étaient établis à Hillah sur le sol même de l'ancienne Babylone; le 15, les fouilles et l'exploration de la ville biblique commencèrent.

Cette exploration porta d'abord sur le tumulus du *Kasr* et sur le groupe d'*Amran-ibn-Ali*, où furent ouvertes les premières tranchées. Ces fouilles furent assez productives en petits objets, en pierres dures, en statuettes et terres cuites d'un travail grec ou parthe, ces dernières d'un style tout à fait barbare. Les recherches de MM. Fresnel et Oppert tendaient particulièrement à fixer la position des divers édifices de Babylone. Il résulterait de leurs explications que le monticule ruine d'*Amran-ibn-Ali* appartiendrait à l'époque la plus ancienne et serait formée par les débris des constructions de Sémiramis, que le *Kasr*, où toutes les briques portent le nom de Nabuchodonosor, remonterait à ce monarque; enfin Babel, ou le *Moudjelibéh* (la bouleversée), appartiendrait à différentes époques, mais ce ne serait plus la fameuse tour de Babel; MM. Oppert et Fresnel retrouvent cette tour dans le *Birs-Nimroud*, situé, comme nous l'avons vu, à plusieurs heures des autres ruines. Le colonel Rawlinson partage à cet égard leur opinion, et parait fixé sur l'identité du *Birs-Nimroud* avec Borsippa ou Babel, la *Tour des Langues*.

La grande enceinte, qui, selon MM. Fresnel et Oppert, ne comprendrait pas moins de vingt-cinq lieues carrées, ne présente, à l'exception du *Birs-Nimroud*, situé à son extrême limite vers le sud, qu'une vaste plaine coupée de canaux et quelques tumulus d'une faible hauteur, disséminés sur son étendue.

Dans les premières fouilles exécutées sur l'emplacement du *Kasr*, indépendamment de ces briques portant le nom de Nabuchodonosor, M. Fresnel fit la trouvaille de nombreux morceaux de briques émaillées, couvertes de fragments ou parties de figures d'hommes et d'animaux et d'inscriptions cunéiformes dont les caractères, en émail blanc, se détachaient sur un fond d'azur. Ces fragments sont à son avis la preuve la plus irrécusable de l'identité du *Kasr* et du palais de Nabuchodonosor, décoré, comme nous l'apprennent Ctésias et Diodore, de grandes mosaïques en briques émaillées représentant des sujets de chasse. Cette découverte, concordant d'une manière si exacte avec les descriptions laissées par ces deux auteurs de ces peintures appliquées sur des briques sculptées en relief et soumises ensuite à la cuisson, a certainement une véritable importance historique et archéologique. La rencontre que M. Place faisait vers le même temps, dans un des palais des souverains de Ninive, de plusieurs de ces mosaïques émaillées, encore appliquées au mur, y ajoute un haut intérêt.

L'éminence ou tumulus que forment les débris du Kasr, le palais-citadelle des rois de Babylone, ne présente qu'un amas confus de débris pulvérisés. Il en est de même des tumulus formés par les restes d'autres grands, édifices antiques qui s'élevaient hors de la ville [15]. Il en est un, on l'a vu, que les modernes Babyloniens appellent *Moudjelibéh* (la bouleversée). M. Fresnel compare ce monticule à une immense carrière de briques en exploitation depuis la mort d'Alexandre, et d'où sont sorties toutes ces bourgades qui occupent différents points de l'emplacement de la ville antique. Cette exploitation, conduite sans méthode, a transformé les débris du vieux palais en un véritable chaos. Il n'est donc permis de hasarder que de très vagues conjectures sur l'ensemble de ce vaste édifice. M. Fresnel a reconnu toutefois que l'Euphrate, en se portant d'occident en orient, comme le prouvent la différence de niveau de ses bords et l'escarpement de la rive orientale, corrodée par ses eaux, avait frayé son nouveau lit à travers les substructions du grand palais, qui paraissent s'étendre au loin sous les eaux mêmes du fleuve.

M. Thomas, architecte attaché à l'expédition, profitant du moment où les eaux de l'Euphrate étaient descendues au-dessous de leur niveau ordinaire, a fouillé des massifs adhérents à ces substructions, et y a rencontré des sarcophages en terre cuite, d'une exécution grossière, mais qui, par l'étrangeté de leurs formes et l'exiguïté de leurs dimensions, ont fixé l'attention des membres de l'expédition. Leur largeur n'est en effet que de 40 centimètres, leur longueur de 36, et leur hauteur de 50. Le corps placé dans ces espèces d'urnes devait être replié sur lui-même, les genoux touchant au menton, les bras croisés entre la poitrine et les cuisses, formant une sorte de paquet. M. Fulgence Fresnel suppose que ces sarcophages n'étaient destinés qu'aux classes infimes de la cité. Bien que ces sarcophages aient été trouvés au niveau des anciennes substructions des palais babyloniens, et qu'on pût les croire d'origine chaldéenne, MM. Fresnel et Oppert les regardent comme appartenant aux Parthes.

Une tranchée, poussée à une profondeur de 5 ou 6 mètres à travers les débris du Kasr, permit en outre aux explorateurs de reconnaître que les fondations du palais avaient été sapées en tous sens par les anciens carriers ou *sakharah*. Les parties restées adhérentes ressemblent à d'énormes roches, et menacent la vie des ouvriers sur lesquels elles sont comme suspendues. Ces fragments, composés de briques d'un pied carré, liées entre elles par un mortier de chaux, sont entassés dans une telle confusion, qu'il n'est pas d'architecte, quelque active que fût sa pénétration, qui pût, non pas restituer l'ancien édifice, mais seulement établir quelques conjectures probables sur sa forme et son véritable emplacement. « Cet emplacement, ajoute M. Fresnel, est cependant indiqué par d'énormes pans de mur de deux à trois mètres d'épaisseur qui n'occupent qu'un point de cette mer de débris, et semblent n'avoir d'autre destination que d'attester un grand naufrage. Sur une des collines culminantes, un arbre solitaire, le plus vieux de toute la contrée, le célèbre *athléh*, ce tamarin que Rich prit pour un salix [16] (en vertu sans doute du psaume *Super flumina Babylonis*), se présente à quelques rêveurs comme an dernier rejeton des arbres des fameux jardins suspendus; tout le reste n'est que poussière. On conçoit en effet que durant un laps de tant de siècles, tous les édifices ou objets, petits ou grands, qui se trouvaient à la surface ou dans les couches supérieures aient dû être ou détruits ou enlevés. »

Un seul monument était resté sur place, à demi renversé et

enseveli dans les débris de la partie nord-est du Kasr : c'est un groupe colossal représentant un lion terrassant un homme. M. Fresnel l'a fait relever et replacer en quelque sorte sur sa base. Ce groupe, qui n'acquiert d'importance que par sa masse, est très fruste et tout à fait dégradé. La matière est un granit gris ou noir extrêmement grossier et sans homogénéité. M. Thomas a reconnu que l'artiste chaldéen, grec ou persan, qui avait entrepris l'exécution de ce morceau de sculpture, n'avait jamais achevé son travail, que de plus les barbares ont mutilé. Par exemple, le mufle du lion a été intégralement enlevé. M. Fresnel ajoute que le même sujet, exécuté en marbre blanc et couvert d'inscriptions cunéiformes, se retrouve à Suse, l'ancienne résidence des rois de Perse; c'est donc un sujet essentiellement *persan* et nullement babylonien ou chaldéen. Et comme le sculpteur persan a laissé son groupe inachevé, il est plus que probable qu'il se rapporte au règne du dernier Darius, Darius-Codoman, en qui s'éteignit la dynastie des Achéménides. On songea un moment à faire rapporter en France ce groupe colossal, mais son état de dégradation et l'énorme dépense qu'eût occasionnée le transport ont fait abandonner ce projet.

L'une des découvertes les plus intéressantes qui aient été faites par l'expédition française est celle des tombeaux trouvés dans le tumulus d'Amran-ibn-Ali, *au sud du Kasr, et que l'on regarde comme la partie la plus ancienne* de Babylone. Ce monticule, ainsi que les groupes d'Homayra et de Babel, faisait partie des palais royaux de la rive gauche de l'Euphrate. Des tranchées, ouvertes sur un point que les *sakkarah* nomment *El-Kohour* (les tombeaux), ont amené la découverte de plusieurs sarcophages renfermant des squelettes bardés de fer et portant des couronnes d'or. Les squelettes, à l'exception de quelques parties du crâne, étaient réduits en poussière; mais le fer, bien qu'oxydé, et l'or des couronnes sont encore parfaitement distincts et pondérables. M. Fresnel regarde ces tombeaux comme macédoniens et les rapporte aux compagnons d'Alexandre ou de Séleucus. Les couronnes d'or ne sont, à proprement parler, qu'un bandeau ou frontal, garni de six feuilles de laurier ou d'une sorte de peuplier du pays, trois à droite, trois à gauche, ayant leurs pointes tournées vers le milieu du front. La ciselure de ces feuilles est assez délicate, et les nervures sont nettement accusées. Au-dessous du bandeau, on rencontre toujours une certaine quantité d'or en feuilles qui couvrait probablement les yeux, ou qui tenait lieu du masque d'or réservé aux riches dans d'autres contrées. La quantité de fer qui accompagne quelques-uns de ces cadavres est tout à fait surprenante. L'un d'eux était comme enveloppé tout entier d'une bande de ce métal de 7 centimètres de largeur sur 4 mètres 40 centimètres de longueur. Dans l'un de ces tombeaux, on a rencontré des pendans d'oreilles et point de fer. C'était sans doute le tombeau de la femme d'un des guerriers.

La construction de ces sarcophages gréco-babyloniens est des plus simples. Ce sont de petits murs parallèles distants l'un de l'autre de 70 centimètres et longs de 2 mètres 70 centimètres, construits en briques ou mortier de plâtre; ces murs sont surmontés d'un toit dont les versants sont formés de briques juxtaposées à plat; d'autres briques entières scellées avec le plâtre ferment exactement chacun des bouts du tombeau.

Non loin des tombeaux d'Amran, on a découvert un autre tombeau de femme d'une construction identique. Ce tombeau renfermait plusieurs statuettes en marbre ou en albâtre représentant vénus, Junon, et un personnage coiffé d'un bonnet phrygien, à demi couché. C'est un ouvrage grec d'une assez bonne exécution. Ce même tombeau renfermait des bijoux, tels qu'opales montées en bagues, pendants d'oreilles d'un travail compliqué, boucles d'or, etc.; mais le squelette n'avait pas de couronne d'or.

Indépendamment de ces trouvailles, ces fouilles, abandonnées et reprises à diverses fois, ont amené la découverte d'une grande quantité de menus objets tels que médailles de bronze et argent, bijoux en or et pierreries, instruments en ivoire, figures de bronze, albâtre et terre cuite massive, animaux en pierre dure, bronze et argent, amulettes, vases en albâtre, sphéroïdes, cônes et disques en pierre dure, vases ou fioles en verre doré grecs, persans ou chaldéens; verreries et verroteries, cylindres en pierre dure, terres cuites fines avec inscriptions, petits objets usuels, gâteaux en terre cuite, dont l'un contient un contrat babylonien; pierres noires, fragments de poterie avec des inscriptions cunéiformes offrant plusieurs styles différents, et qui ont déjà exercé la pénétration de M. Oppert et du colonel Rawlinson. Il faut ajouter à ces objets un grand nombre de briques avec inscriptions, dont quelques-unes sont absolument nouvelles, d'autres remarquables, soit par des variantes précieuses pour le philologue, soit par une rare netteté de l'empreinte [17].

D'autres résultats de la mission, moins saisissables peut-être pour la foule, mais sur lesquels MM. Fresnel et Oppert ont droit d'insister, c'est ce que l'on pourrait appeler les résultats scientifiques. Leur séjour prolongé à Hillah et sur le sol de Babylonie a mis en effet M. Oppert à même de dresser la carte la plus exacte de la ville et de la contrée environnante, d'étudier plusieurs questions, souvent controversées, pendantes depuis plus d'un siècle, dont le haut intérêt ne saurait être méconnu, et de les résoudre en parfaite connaissance de cause, c'est-à-dire de *visu*, la toise ou le graphomètre à la main.

Tels sont les travaux de l'expédition française. On n'en peut méconnaître l'importance, mais la curiosité était vivement excitée; l'imagination marche vite lorsqu'il est question de Babylone, et l'on attendait beaucoup plus. Toutefois il ne serait pas exact de dire, comme on l'a fait, que cette expédition ait complètement échoué. Il est plus juste de reconnaître qu'elle a fait ce qu'il était humainement possible de faire, et qu'elle a obtenu à peu près les seuls résultats qu'on était en droit d'attendre, eu égard aux moyens mis à sa disposition.

Divers reproches ont été adressés au chef qui la dirigeait. Le plus sérieux est de n'avoir opéré en quelque sorte que sur le sol de Babylone et de n'avoir pas étendu son exploration à d'autres localités, — Particulièrement à Niffar et à Warkah, deux points du Bas-Euphrate, qui promettaient, à ce que l'on croyait, une riche moisson archéologique. Ce reproche nous paraît grave. Aussi M. Fulgence Fresnel s'est-il vivement défendu contre cette accusation. Nous citerons avec quelque étendue, comme propres surtout à compléter les notions que nous avons recueillies sur Babylone et les villes ruinées du Bas-Euphrate, les réponses qu'il a adressées à ce sujet, soit à l'administration, soit au secrétaire perpétuel de l'Académie des Inscriptions et belles-lettres. « Je m'estime heureux, dit-il, que ma détresse financière m'ait empêché de tenter, aux dépens de la France, une expérience coûteuse et improductive. M. Loftus, envoyé par une société de souscripteurs, au nombre desquels le le roi de Prusse figure pour une somme de 50,000 francs, vient de passer quatre mois à explorer la Chaldée, et n'en a presque rien rapporté. Sur une localité voisine de Warkah, à Sunderah, il a découvert des empreintes de cylindres, bien conservés à la vérité, mais sur terre crue, rien en terre cuite, si ce n'est une seule statue acéphale, rien en marbre, albâtre, basalte, pierre dure, etc., point de sculptures, etc. »

M. Fresnel ajoute, dans la lettre qu'il a adressée au secrétaire perpétuel de l'Académie des Inscriptions et belles-lettres : « Il n'y a pas bien longtemps que je regardais comme une des plus grandes infortunes l'impossibilité où je me trouvais d'explorer Niffar et Warkah, deux sites de la région du Bas-Euphrate qui m'étaient particulièrement recommandés. Plus de regrets! Je remercie aujourd'hui la Providence d'avoir réservé à d'autres que nous les frais d'une exploration qui probablement n'eût pas été plus profitable à la France qu'elle ne l'a été à l'Angleterre. On sait en France, depuis la dernière publication de M. Layard, *Discoveries in the ruins of Niniveh and Babylon*, le peu qu'il recueillit à Babylone et à Niffar, malgré tous les moyens de succès que la prudence conseille et que l'argent réalise. Restait donc Warkah, où l'on espérait trouver les plus anciennes annales du monde... Nouvelle illusion ! Revenu tout récemment d'Angleterre avec l'intention d'explorer ce point avant tout autre, M. Loftus s'y rendit de Bagdad en novembre dernier, et dut l'abandonner après deux mois d'un travail improductif. Il a été moins malheureux sur une localité voisine, nommée Sunderah, où il a trouvé un assez grand nombre de tablettes, dites astrologiques ou astronomiques, d'une belle conservation, mais qui, je pense, n'intéressent que faiblement le savant ou l'artiste. C'est donc aux environs de Mossoul, en Assyrie et Haute-Mésopotamie, qu'il faut chercher un nouveau musée, ce qui s'explique d'ailleurs de la manière la plus simple par la différence des matériaux employés dans les constructions assyriennes ou babyloniennes.»

M. Fresnel, insistant sur cette différence, continue en ces termes : « Je ne veux pas surfaire mon abnégation, car je persiste à croire que, si mon lot est ingrat et stérile à la surface, il est riche au fond, et que si j'avais les moyens de fouiller les ruines de la Basse-Mésopotamie à une grande profondeur, j'arriverais à des monuments d'une haute valeur. Malheureusement pour nous, la matière de nos tumulus, qui n'est en général que briques cuites réduites en fragments et poussière, ne permet que bien rarement un travail souterrain.

Frédéric Mercey

Il est aisé de pratiquer des galeries dans les tumulus assyriens, résultant de l'écrasement d'un énorme ensemble de briques crues, matière intégrante de tous les murs ninivites et recouvrant les dalles d'albâtre qui en formaient jadis le revêtement. On conçoit que sous ces masses énormes de terres alluviales compactes, une multitude d'objets précieux se soient conservés pendant des dizaines de siècles; mais ici, à Babylone, au *Kasr*, par exemple, il faut travailler à ciel ouvert, si l'on ne veut pas risquer sa vie et celle des ouvriers. A *Amram-ibn-Ali*, où nous avons pu pratiquer beaucoup de galeries à cause de la grande proportion d'humus qui se joint dans ce vaste tumulus aux fragments de briques et de poteries, j'ai cependant perdu un ouvrier écrasé par un éboulement. Il faut donc en Babylonie travailler à ciel ouvert, et, par une conséquence inévitable, entreprendre d'immenses déblais, c'est-à-dire remuer et transporter à une distance convenable des millions de mètres de briques concassées. »

Le calcul suivant de M. Oppert vient à l'appui des raisons données par M. Fresnel, et nous montre la difficulté, sinon l'impossibilité, d'exécuter des fouilles efficaces sur l'emplacement de Babylone, si l'on ne se décide à faire une dépense considérable. «J'ai fait le calcul, dit M. Oppert, qu'en moyenne, un ouvrier à Babylone remue 1 mètre cube par jour, en faisant entrer dans l'évaluation les gens employés à enlever la poussière. En moyenne, nous payons un ouvrier 2 piastres 1/2 par jour; chaque mètre cube coûte donc 2 piastres 1/2. En évaluant la masse du Kasr à 1 million 1/2 de mètres cubes, celle de Babel à 2 millions, celle de *Amran-ibn-Ali* à 3 millions, nous aurons un total de 6 millions de mètres cubes environ. Toutefois il ne faudrait, en moyenne, remuer que la vingt-cinquième partie du tout, c'est-à-dire que pour chaque cube de 3 mètres de côté, on n'a besoin de remuer qu'un cube de 1 mètre de côté. Il n'y aurait donc qu'à déplacer et explorer 240,000 mètres cubes, ce qui nécessiterait une dépense de 600,000 piastres, soit 140,000 fr. » Le *Birs-Nîmroud* et *Ibrahim-el-Khalil*, qui à eux seuls représentent 11 millions environ de mètres cubes, coûteraient ainsi le double de cette somme à fouiller : aussi M. Oppert pense-t-il qu'il ne faudrait faire sur ces deux points qu'une exploration superficielle.

On conçoit qu'en présence de difficultés de cette nature, M.

Fulgence Fresnel ne parle qu'avec un véritable sentiment d'envie de ces monticules argileux, revêtus d'une belle robe de verdure, du pachalik de Mossoul, dont l'exploration était échue en partage à M. Place. Cette même différence qu'on rencontre dans les matériaux et la construction des édifices babyloniens et ninivites devait se produire dans leurs arts, plus rustiques à Ninive, plus raffinés à Babylone. Nous croyons, par exemple, que les sculpteurs babyloniens, « tous ces artisans d'idoles, » comme dit Isaïe, employaient des matériaux sinon plus durables, du moins plus précieux que les artistes de Ninive. Cette statue de 60 coudées que Nabuchodonosor fit ériger dans la plaine de Doura et dont M. Oppert croit avoir retrouvé le piédestal, toutes les descriptions que nous ont laissées les livres saints du luxe monstrueux de la grande Babylone, ne permettent aucun doute sur ce sujet. Isaïe prophétisant la chute de Babylone et nous faisant assister à la ruine et à la dispersion de ses habitants, nous donne une idée du grand nombre d'idoles qui peuplaient leurs temples. « Bel a été rompu, s'écrie-t-il, Nabo a été brisé; les idoles des Babyloniens ont été mises sur des bêtes et sur des chevaux; ces dieux que vous portiez dans vos solennités lassent par leur grand poids les bêtes qui les emportent. » Ces idoles étaient la représentation exacte de la figure de l'homme dans toutes ses attitudes et sous tous ses aspects. Elles avaient les mêmes membres et les mêmes organes, portaient les mêmes vêtements, étaient couvertes des mêmes armes, ornées des mêmes joyaux, honorées des mêmes attributs; il ne leur manquait que le mouvement et la parole. Cette similitude entre ces idoles et les hommes qui les adoraient a excité par-dessus tout la colère des prophètes. Le plus explicite de tous est le prophète Baruch. Dans ces exhortations passionnées qu'il adresse au peuple de Dieu, qu'il veut détourner de l'idolâtrie, il se complaît dans la description la plus insultante de ces dieux des gentils. Où trouverons-nous des renseignements plus précis et plus curieux sur les arts et la statuaire des Babyloniens que dans quelques passages de Baruch ?

« Vous verrez dans Babylone, dit-il aux Juifs qu'on emmène en esclavage, des dieux d'or et d'argent, de pierre et de bois, que l'on porte sur les épaules et qui se font craindre par les nations.

« La langue de ces idoles a été taillée par le sculpteur. Celles mêmes qui sont couvertes d'or et d'argent n'ont qu'une fausse apparence, et elles ne peuvent point parler.

« Comme on fait des ornements à une fille qui aime à se parer, ainsi, après avoir fait ces idoles, on les pare avec de l'or.

« Les dieux de ces idolâtres ont des couronnes d'or sur la tête, mais leurs prêtres en retirent l'or et l'argent et s'en servent eux-mêmes.

« Ces dieux ne sauraient se défendre ni de la rouille ni des vers... L'un porte un sceptre comme un homme, comme un gouverneur de province, mais il ne saurait faire mourir celui qui l'offense. L'autre a une épée et une hache à la main, mais il ne peut s'en servir pendant la guerre ni s'en défendre contre les voleurs... Ces dieux de bois, de pierre, d'or et d'argent ne se sauveront point des larrons et des voleurs. »

Outre ces simulacres, dans la composition desquels entraient toutes les matières énumérées par le prophète, les Babyloniens avaient des bas-reliefs analogues à ceux qu'on rencontre dans les monticules ninivites. Des fouilles poussées jusqu'à la base des édifices, c'est-à-dire à 80 pieds au-dessous du niveau du sol actuel, amèneraient peut-être la découverte de fragments de sculptures de ce genre, mais nous doutons fort qu'on pût retrouver des statues ou d'autres objets de quelque valeur, car le vainqueur, on le sait d'après le témoignage d'Isaïe, ne laissait rien de ce qui pouvait s'emporter.

On sait quel emploi faisaient les Babyloniens des peintures sur émail dans la décoration de leurs palais. Ces peintures étaient accompagnées d'inscriptions en caractères cunéiformes. Sur les fragments de briques émaillées trouvés au Kasr, les lettres sont en émail blanc sur un fond bleu, et présentent un léger relief. Les personnages et les animaux figurés sur ces émaux étaient, en effet, modelés de façon à offrir une légère saillie, avant qu'on appliquât la couleur. Les briques ainsi modelées et coloriées étaient ensuite présentées à la cuisson, comme nous l'apprend Diodore d'après Ctésias. Ces peintures sur émail n'étaient pas les seules que les Babyloniens fissent entrer dans la décoration de leurs édifices. Quelques passages du fameux XXIIIe chapitre d'Ézéchiel, qui surpasse en énergie et en crudité les plus violentes peintures de Juvénal, nous montrent jusqu'à quel degré de réalité, sinon de perfection étaient parvenus les artistes chaldéens dans la représentation de la nature.

« Mais Ooliba a donné dans de bien autres excès, car ayant vu des hommes peints sur la muraille, des images des Chaldéens tracées avec des couleurs qui avaient leurs baudriers sur les reins, et sur la tête des tiares de différentes couleurs, qui paraissaient tous officiers de guerre et avaient l'air des enfants de Babylone et du pays des Chaldéens, où ils ont pris naissance,

« Elle s'est laissée emporter à la concupiscence de ses yeux; elle a conçu pour eux une folle passion et elle leur a envoyé ses ambassadeurs en Chaldée.

« Et les enfants de Babylone étant venus vers elle,... elle a été corrompue par eux, et son âme s'est rassasiée d'eux. »

Ces détails précieux sont peut-être les plus complets qui existent sur les peintures chaldéennes. Ces officiers de guerre dont parle Ezéchiel ont un grand air de famille avec les personnages de la frise cintrée de Khorsabad, qui portent sur la tête des espèces de tiares vertes ; seulement ces derniers sont ailés. Les fougueux désirs que conçoivent les filles d'Israël à la seule vue des peintures murales des Chaldéens, imitées par des artistes de leur pays, témoignent mieux que bien des descriptions du talent des peintres babyloniens. Ezéchiel, Baruch, Jérémie et tous les prophètes qui se trouvaient au nombre des Juifs transportés à Babylone, sous le règne de Nabuchodonosor, virent la royale cité dans toute sa splendeur et prophétisèrent sa ruine prochaine; mais il résulte de ces prophéties mêmes que c'est à juste titre que l'on a placé sous le règne de ce prince l'apogée de l'art babylonien, tandis que l'apogée de l'art ninivite remonte à l'époque de Sardanapale, c'est-à-dire cent et quelques années plus haut.

Cet art babylonien était fameux dans tout l'Orient. « Babylone est une coupe d'or dans la main du Seigneur qui a enivré toute la terre; toutes les nations ont bu de son vin, et elles en ont été agitées ! » s'écriait Jérémie, faisant magnifiquement allusion à cette irrésistible influence que les Babyloniens exerçaient surtout par les arts. Bientôt cependant, témoin anticipé de la ruine de la fastueuse cité, il pousse un long cri de désolation : « Voici ce que dit le Seigneur des armées : Ces larges murailles de Babylone seront sapées par les fondements et renversées par terre; ses portes si hautes seront brûlées, et les travaux de tant de peuples et de nations seront réduits au néant, seront consumés par les flammes et périront. »

Les résultats de la mission de Babylonie, rapprochés du témoignage des prophètes, ne nous laissent, on le voit, aucun doute sur ce qu'avait à la fois de fastueux et d'éphémère l'art chaldéen. S'il est permis de tirer une conclusion des recherches poursuivies depuis trois années environ dans cette région de l'Orient, c'est que la civilisation chaldéenne était arrivée à ce degré de raffinement qui se traduit souvent dans les arts par l'exagération des proportions et l'extrême richesse des matières employées, ce qui, loin de créer des œuvres durables, n'est au contraire qu'une cause de prompte et inévitable destruction. Telle est du moins l'impression que nous laissent les monticules formés des restes pulvérisés de ces gigantesques édifices et les rares débris qu'on a pu arracher au territoire babylonien ; telle est aussi la conviction à laquelle nous conduisent les récentes appréciations des explorateurs qui l'ont parcouru.

Notes

1. Voyez la Revue du 1er avril 1853.
2. Aujourd'hui Warkha, comme l'ont reconnu récemment MM. Fulgence Fresnel et Oppert.
3. Ce pays de Scin'har n'est-il pas le même que le Schin'âr ou pays de Sennaar dont parle dans un des rapports que nous avons pu consulter M. Fulgence Fresnel ? C'est là que, selon la Genèse, les premiers hommes, après le déluge, bâtirent la première ville et élevèrent la première pyramide à degrés, la plus haute qui ait jamais existé (un stade olympique, soit 569 pieds de roi de hauteur). M. Fresnel ajoute : « Comme Moïse nous apprend que la ville et la tour de Babel furent bâties dans un champ de la terre de Schin'âr, il s'ensuit que le Birs-Nimroud, masse imposante, seule ruine grandiose, véritablement grandiose de toute la région babylonienne, située dans le voisinage d'un canal qui est nommé Sindjar, doit occuper l'emplacement de la tour de Babel, que l'on identifie d'ordinaire avec la pyramide à degrés de Belus, temple, observatoire et tombeau. » Mais alors comment n'a-t-on pas

rencontré au Birs-Nimroud de ces briques des rois de Sennaar dont les Anglais possèdent un si grand nombre dans leurs collections, et qui proviennent de monuments antérieurs à l'établissement de l'empire assyrien ?

4. M. Oppert, l'un des membres de la mission qui dans ces dernières années a exploré la Babylonie, a trouvé et décrit un curieux vase qui paraît avoir appartenu à l'un des premiers monarques chaldéens.

5. Daniel, ch. IV.

6. Daniel, ch. IV, v. 27.

7. Josèphe, Antiq, liv. X, ch. XI.

8. M. Fulgence Fresnel, rapport adressé à M. le ministre d'état.

9. M. Fulgence Fresnel a une prétention plus ambitieuse et plus délicate, c'est celle d'avoir retrouvé l'œil bleu de la reine Nitocris sur l'un des fragmens de briques émaillées qu'il a recueillies au Kasr (un des principaux tumulus qui couvrent l'emplacement de Babylone). Cet œil est colossal comme celui de Junon, (GREC). Diodore nous raconte, d'après Ctésias, que cette princesse était représentée sur les mosaïques des murs intérieurs du palais lançant un javelot sur une panthère, et c'est sur les fragmens de ces mosaïques trouvés au Kasr que M. Fresnel a retrouvé cet œil bleu auquel une Mède, une fille du nord de l'Asie, lui parait avoir des droits incontestables. M. Fresnel a bien aussi retrouvé deux yeux noirs qui ne peuvent être que ceux du roi Nabuchodonosor descendant de Nemrod fils de Chus et par conséquent de race noire ou bronzée.

10. M. Fresnel place la campagne de Doura dont parle Daniel dans l'enceinte même de Babylone, où il a retrouvé un canal qui porte sans la moindre altération le nom de Doura. « N'est-il pas rationnel d'admettre que l'inauguration de la statue de Nabuchodonosor dut avoir lieu dans la capitale de l'empire chaldéen, dit M. Fresnel, ou dans son voisinage immédiat, et non pas, selon les données géographiques de Polybe et d'Isidore Charax, au confluent du Chaboras avec l'Euphrate, à cent lieues de Babylone, bien qu'il y eût à cet endroit un lieu du nom de Doura ? » M. Oppert a signalé un autre Doura, situé dans le voisinage de

Babylone, et croit avoir rencontré dans cette localité le piédestal de la fameuse statue d'or.

11. Josèphe, Ant. liv. X, ch. XI.

12. Isaïe, chap. XIII.

13. Jérémie, chap. LI, v. 6.

14. M. Oppert nous a raconté qu'il était monté sur le minaret de Hillah, accompagné d'un janissaire et avec la permission du pacha. Six semaines après son ascension, le croissant mal raccommodé tomba pendant un violent orage. On ne manqua pas d'attribuer cet événement au chien de giaour, qui avait écrit des formules d'imprécations sur le minaret; « mais, ajoutait M. Oppert, ces messieurs, ayant déjà eu l'occasion de faire ma connaissance, se bornaient à soupirer sur ma scélératesse en prenant le café et en fumant la pipe, et je leur laissai cette innocente distraction. du reste, le minaret étant sunnite et eux schiites, ils semblaient enchantés au fond de ce tour joué aux Turcs, qu'ils craignent énormément. »

15. Par exemple, le tumulus le plus septentrional de Babylone, qui ne porte pas d'autre nom que Babel. C'est ce nom à la fois biblique et moderne qui fit croire à Pietro della Valle, Beauchamp et d'autres, que le tumulus ainsi appelé par les paysans du voisinage était un reste de « la tour de Babel. » Ces voyageurs n'avaient pas vu le Birs-Nimroud, et d'ailleurs le mot Babel ne signifie pas en arabe « la tour de Babel, » mais bien la ville de Babylone. (Rapports inédits de M. Fresnel.)

16. Bien qu'il n'ait jamais été question de saules dans le texte hébreu.

17. Cette collection, qui, — M. Fulgence Fresnel nous l'assure, — ne craint le parallèle avec aucune autre formée dans le même lieu, remplit quarante caisses pesant environ 2,000 kilogrammes, et va être prochainement dirigée sur Paris. L'un de ses principaux mérites et celui sur lequel M. Fulgence Fresnel parait surtout insister, c'est la complète certitude de son origine babylonienne, car elle a été formée tout entière d'objets recueillis ou d'acquisitions faites sur l'emplacement même de la ville chaldéenne.

ISBN : 978-1975732714

www.ingramcontent.com/pod-product-compliance
Lightning Source LLC
Chambersburg PA
CBHW050254230526
45470CB00005B/2261